100 HISTÓRIAS DA
BÍBLIA

Dados Internacionais de Catalogação na Publicação (CIP) de acordo com ISBD

H631h   Hicks, Annabelle

100 histórias da Bíblia / Annabelle Hicks ; ilustrado por IPS e NPP ; traduzido por Karina Barbosa dos Santos. - Jandira, SP : Ciranda Cultural, 2024.
202 p. : il.; 16,00cm x 20,60cm.

Título original: The Be Kind Bible Storybook: 100 Bible Stories about Kindness and Compassion
ISBN: 978-65-261-1660-9

1.Bíblia infantil. 2. Bíblia. 3. Ensino. 4. Histórias bíblicas. 5. Aprendizado. I. Título. II. IPS e NPP. III. Santos, Karina Barbosa dos.

CDD 220.8
CDU 22/82-93

2024-2005

Elaborada por Lucio Feitosa - CRB-8/8803

Índice para catálogo sistemático:
1. Bíblia infantil 220.8
2. Bíblia infantil 22/82-93

© 2023 North Parade Publishing Ltd., Bath, UK
Texto: Annabelle Hicks
Ilustrações: IPS & NPP

© 2025 desta edição:
Ciranda Cultural Editora e Distribuidora Ltda.
Tradução: Karina Barbosa dos Santos
Editora: Jamille Gentile
Preparação de texto: Vanessa Almeida
Revisão: Angela das Neves, Ana Lúcia dos Santos e Jamille Gentile
Diagramação: Ricardo Neuber

1ª Edição em 2025
www.cirandacultural.com.br
Todos os direitos reservados. Nenhuma parte desta publicação pode ser reproduzida, arquivada em sistema de busca ou transmitida por qualquer meio, seja ele eletrônico, fotocópia, gravação ou outros, sem prévia autorização do detentor dos direitos, e não pode circular encadernada ou encapada de maneira distinta daquela em que foi publicada, ou sem que as mesmas condições sejam impostas aos compradores subsequentes.

100 HISTÓRIAS DA
BÍBLIA

Ciranda Cultural

SUMÁRIO

1. Introdução

ANTIGO TESTAMENTO

3. Deus cria o mundo
5. Adão e Eva
7. Adão e Eva desobedecem a Deus
9. Noé constrói um barco enorme
11. O dilúvio
13. A Torre de Babel
15. A promessa de Deus a Abraão
17. Deus ajuda Ló
19. Um casamento feliz
21. Os gêmeos Esaú e Jacó
23. Um sonho muito especial
25. Uma família de doze meninos
27. Sonhos do faraó
29. Mudança para o Egito
31. Moisés – um bebê em um cesto
33. Problemas terríveis
35. Um caminho através do mar
37. Comida no deserto
39. Os mandamentos de Deus
41. A oração de Moisés
43. Os doze espiões
45. A serpente de bronze
47. Josué se torna o líder
49. A Terra Prometida
51. Deus escolhe Gideão
53. Rute encontra Boaz
55. Deus ouve e responde a Ana
57. Davi, o menino pastor
59. Davi luta contra um gigante
61. Davi é bom
63. O cântico do pastor, de Davi
65. Deus é misericordioso
67. Deus é grande
69. Deus nunca dorme
71. Um presente especial para Salomão
73. O templo magnífico
75. Elias e os corvos
77. Quem é o verdadeiro Deus?
79. Naamã é curado
81. Joás, o rei menino
83. Isaías, o ajudante de Deus
85. O bom rei Ezequias
87. Josias e o livro perdido
89. Uma lição na casa do oleiro
91. Os três amigos de Daniel
93. Daniel na cova dos leões
95. De volta a Jerusalém
97. Construindo os muros de Jerusalém
99. Uma bela rainha
101. Jonas e o grande peixe

NOVO TESTAMENTO

103. O Salvador está vindo

105. O nascimento de Jesus

107. Seguindo uma estrela

109. Jesus é batizado

111. Jesus é tentado no deserto

113. Jesus transforma água em vinho

115. O encontro com Nicodemos

117. A mulher samaritana

119. Jesus visita Nazaré

121. A cura do filho do oficial

123. A cura no tanque de Betesda

125. Jesus e a cura do leproso

127. Homens de fé

129. A verdadeira felicidade

131. As aves do céu e os lírios do campo

133. Como orar

135. Uma pessoa sábia

137. A parábola do semeador

139. Jesus acalma a tempestade

141. Jesus ressuscita a filha de Jairo

143. Alimento para todos

145. Jesus ama as crianças

147. A parábola do bom samaritano

149. A parábola da ovelha perdida e a parábola da moeda perdida

151. A parábola do filho pródigo

153. A parábola do fariseu e do cobrador de impostos

155. O jovem rico

157. Um cego barulhento em Jericó

159. Um homem sobre a figueira

161. A mulher que mostrou muito amor

163. Hosana ao Filho de Davi

165. Problemas no templo

167. A oferta da viúva

169. Jesus lava os pés dos discípulos

171. "Façam isto em minha memória."

173. Jesus morre na cruz

175. Jesus está vivo!

177. Um estranho no caminho

179. É Jesus!

181. Grandes peixes

183. O surgimento da Igreja

185. Falando sobre Jesus

187. A caminho de Damasco

189. Barnabé é um bom amigo

191. Boas notícias para todos

193. A viagem de Paulo e Barnabé

195. A viagem de Paulo e Silas

197. Timóteo, o discípulo

199. Paulo viaja para Roma

201. Nosso maravilhoso lar

Queridos pais,

A Palavra de Deus nos diz que as pessoas saberão que somos cristãos pelo nosso amor; e nos dá exemplos de como podemos viver uma vida de amor e compaixão. As 100 histórias inclusas neste livro de histórias bíblicas são seguidas de lembretes, orientações para que possamos ver bondade e compaixão em toda a Bíblia. Ao ler este livro, reserve um tempo para conversar com seu filho ou sua filha sobre como demonstrar gentileza às pessoas com quem ele(a) se comunica todos os dias. Basta apenas uma pessoa para gerar mudanças. Que a mudança comece hoje mesmo na sua casa!

ANTIGO TESTAMENTO
DEUS CRIA O MUNDO
GÊNESIS 1–2

No início, só havia água. Deus criou a luz para iluminar as trevas. Depois, criou o céu. Fez a terra seca e a encheu com belas plantas. Colocou no céu o Sol, a Lua e os corpos celestes. Povoou o mar com criaturas incríveis, e o céu, com pássaros coloridos. Criou animais de todos os tipos – de elefantes enormes a insetos minúsculos. Tudo isso ao longo de cinco dias.

No sexto dia, Deus fez o primeiro homem, Adão, e sua esposa, Eva. No sétimo, Ele descansou.

Podemos olhar para as coisas maravilhosas que Deus fez e dizer a Ele: "Agradeço, Deus, por nosso mundo maravilhoso. O Senhor é tão bom conosco!"

ADÃO E EVA
GÊNESIS 2

Deus soprou vida em Adão e Eva. Deus os amou e deu a eles tudo o que era necessário. Eles viviam em um jardim cheio de belas árvores, com todos os tipos de plantas, sementes e frutas para comer e desfrutar. Adão e Eva eram bons e se ajudavam no jardim.

Deus estava satisfeito com tudo o que Ele havia feito. O Senhor amava Adão e Eva e gostava de passar tempo com eles. Deus ama todas as pessoas.

ADÃO E EVA DESOBEDECEM A DEUS
GÊNESIS 3

Deus disse a Adão e Eva para não comerem o fruto de uma árvore no jardim, senão morreriam. A serpente disse a Eva:

– Se vocês comerem do fruto daquela árvore, serão como Deus, conhecendo o bem e o mal.

Assim, Adão e Eva desobedeceram a Deus. Eles culparam um ao outro por sua escolha errada. Mas Deus ainda cuidava deles. Ele lhes deu roupas de couro resistentes, para a vida de trabalho duro que teriam fora do jardim.

O mundo perfeito de Deus havia sido danificado! Deus estava triste, mas não deixou de amar Adão e Eva. Em sua bondade, o Senhor prometeu enviar um Salvador.

NOÉ CONSTRÓI UM BARCO ENORME
GÊNESIS 6

Depois de muitos anos, havia muitas pessoas, mas elas eram más umas com as outras. Ainda havia um homem bom, chamado Noé, que confiava em Deus. O Senhor disse a Noé que um dilúvio estava chegando e que ele deveria construir um barco enorme chamado arca. Noé obedeceu a Deus, mas muitas pessoas desrespeitaram esse aviso. O que Deus disse era verdade: o dilúvio veio.

Noé vivia de forma diferente das outras pessoas. Ele se importava com os outros e ouvia Deus, então o Senhor lhe deu sabedoria para construir a arca.

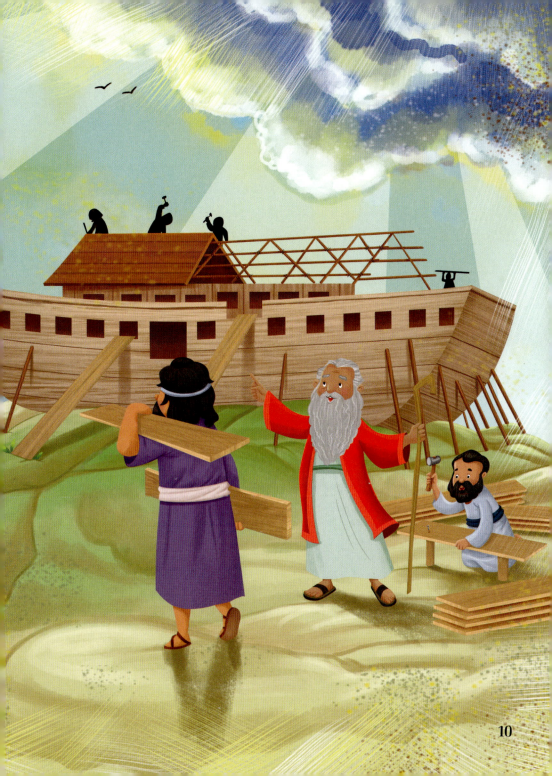

O DILÚVIO
GÊNESIS 7–9

A família de Noé entrou na arca com um casal de cada espécie de animal na Terra. Então, Deus fechou a porta. Choveu, choveu e choveu! Mas a arca flutuou com segurança. Depois de muito tempo, a arca parou em terra seca. Deus prometeu sempre cuidar do mundo e colocou um arco-íris no céu para lembrar as pessoas dessa promessa.

Deus mostrou compaixão por Noé ao salvar sua família do dilúvio. Ele nos mostra sua bondade até hoje. Cada arco-íris nos lembra de que Deus cuida do mundo e cumpre suas promessas.

A TORRE DE BABEL
GÊNESIS 11

As pessoas que viveram depois de Noé foram desobedientes. Elas eram orgulhosas e decidiram construir uma torre bem alta, que alcançasse os céus! Deus não queria que as pessoas pensassem apenas em si mesmas; então, Ele fez cada uma delas falar em uma língua diferente! Ninguém conseguia se entender. Assim, essas pessoas se afastaram e deixaram a grande torre inacabada.

As pessoas se uniram para fazer algo egoísta. Deus quer que trabalhemos juntos para amarmos e cuidarmos dos outros.

A PROMESSA DE DEUS A ABRAÃO
GÊNESIS 12-18, 20-21

Deus pediu a um homem fiel chamado Abrão que fosse para outra terra. O Senhor prometeu dar a esse homem uma grande família que traria bênçãos para todas as pessoas. Abrão confiou em Deus e lhe obedeceu. Ele ficou muito tempo sem filhos, mas ainda acreditava em Deus. Então, como parte da promessa, Deus mudou o nome de "Abrão" para "Abraão". Por fim, o filho prometido nasceu da esposa de Abraão, Sara. Eles chamaram o bebê de Isaque.

A promessa de Deus se cumpriu. Os filhos de Abraão tiveram muitos filhos. E, muitas gerações depois, Jesus nasceu, trazendo bênçãos para o mundo inteiro e para nós até hoje.

DEUS AJUDA LÓ
GÊNESIS 13, 18–19

Abraão disse a seu sobrinho Ló:

– Escolhe onde quer morar, e eu escolherei o contrário, para não haver desentendimentos entre nós.

Ló escolheu um vale que parecia bom, mas as pessoas lá eram perversas. Abraão ficou preocupado e orou a Deus. O Senhor foi bondoso e enviou dois anjos para resgatar Ló e sua família.

Embora Ló tivesse feito uma escolha tola, Deus sabia que ele não seguia os maus caminhos das pessoas ao seu redor. Com amor, o Senhor enviou ajuda à família de Ló.

UM CASAMENTO FELIZ
GÊNESIS 24

Abraão queria que seu filho Isaque se casasse com uma mulher boa, que seguisse os caminhos de Deus. Um servo percorreu um longo caminho até onde Abraão morava e pediu a Deus que a garota certa lhe oferecesse água do poço. Então, Deus levou a bela Rebeca para o poço! Quando Rebeca e Isaque se conheceram, eles se apaixonaram e se casaram!

Deus quer nos guiar nas escolhas grandes e pequenas de nossa vida. Ele sabe de todas as coisas, e seu caminho é sempre o melhor!

OS GÊMEOS ESAÚ E JACÓ
GÊNESIS 25, 27–28

Isaque e Rebeca tiveram filhos gêmeos: Esaú e Jacó. Um dia, quando Esaú estava com muita fome, Jacó o convenceu a trocar seus privilégios de primogênito por uma tigela de ensopado!

Quando Isaque estava velho e quase cego, Jacó o enganou para obter do pai uma bênção especial. Jacó se vestiu como seu irmão, fazendo sua pele lisa parecer peluda. A mentira funcionou, e ele recebeu a bênção. Esaú ficou com raiva, e Jacó fugiu.

Deus cuidou de Jacó, embora ele tenha feito uma escolha errada. O Senhor nunca deixa de nos amar.

UM SONHO MUITO ESPECIAL
GÊNESIS 28

Jacó sonhou com uma escada que alcançava o céu, com anjos subindo e descendo. Deus lhe fez grandes promessas:

– Eu sou o Senhor Deus. Eu cuidarei de você, estarei com você e lhe darei esta terra em que está deitado.

Jacó aprendeu que Deus é grande e bondoso e, assim, queria seguir o caminho do Senhor.

O amor e a bondade de Deus mudaram o coração de Jacó. Em vez de tirar de outras pessoas, ele prometeu dar ao Senhor parte de tudo o que tinha.

24

UMA FAMÍLIA DE DOZE MENINOS
GÊNESIS 37

Jacó tinha um filho favorito, José, a quem deu uma túnica bem colorida. Os outros filhos de Jacó ficaram com ciúmes e com raiva. E isso piorou quando José sonhou que os feixes de trigo de seus irmãos se curvavam ao seu feixe; e o Sol, a Lua e as estrelas se curvavam para ele.

Os irmãos venderam José para se tornar um servo no Egito e mancharam sua túnica de sangue, fazendo com que Jacó, de coração partido, acreditasse que José havia sido morto.

Deus cuidou de José com muito amor e viu fé e honestidade no coração dele. Na verdade, os sonhos eram uma visão dos bons planos de Deus.

SONHOS DO FARAÓ
GÊNESIS 41

O faraó estava preocupado com seus sonhos: sete vacas magras comeram sete vacas gordas; e sete espigas finas de grão engoliram sete espigas grossas! Deus mostrou a José que isso significava sete anos de boa colheita, seguidos de sete anos de má colheita. Por desvendar os sonhos do faraó, ganhou a confiança dele e se tornou um líder no Egito. O trabalho de José era armazenar grãos em todo o Egito nos anos de fartura.

José tinha um trabalho especial nos grandes planos de Deus. Os descendentes de Abraão não morreriam de fome, mas, sim, seriam tão numerosos quanto as estrelas!

MUDANÇA PARA O EGITO
GÊNESIS 42–47

Os sete anos de pouca comida começaram. Pessoas de longe iam ao Egito para comprar comida, incluindo os irmãos de José. Os irmãos se curvaram ao governador egípcio, sem saber que era José! Os sonhos de José se tornaram realidade! José soube que o coração perverso de seus irmãos havia mudado. Com lágrimas de alegria, José os recebeu e providenciou que todos se mudassem para o Egito.

Os irmãos de José não fizeram nada para merecer a bondade dele, mas, mesmo assim, o rapaz era bom. Deus nos ajuda a seguir o exemplo de José: perdoando aqueles que nos machucaram.

MOISÉS – UM BEBÊ EM UM CESTO
ÊXODO 1–3

Um novo faraó fez o povo de Deus, os hebreus, virar escravo e trabalhar duro. Ele disse:

– Não quero mais que nasçam meninos! Os israelitas estão muito numerosos!

Para salvar seu filho, uma mãe o escondeu em um cesto e o colocou no rio, e a filha do faraó o encontrou. Ela deu ao bebê o nome de Moisés. Quando cresceu, Moisés soube que era um hebreu e não concordava com o modo como os escravizados eram tratados e, depois de uma confusão, fugiu do Egito. Um tempo depois, Deus falou com Moisés e deu a ele a missão de libertar o povo hebreu do Egito.

Em sua bondade, Deus deu a Moisés um trabalho importante. Deus viu que seu povo estava sofrendo e escolheu Moisés para ajudá-lo.

PROBLEMAS TERRÍVEIS
ÊXODO 7–12

Moisés disse as palavras de Deus ao faraó, mas o faraó não aceitou. Deus enviou água suja nos rios, sapos, mosquitos, moscas, animais doentes, feridas, granizo e fogo, gafanhotos e três dias de escuridão. Mesmo assim, o faraó não aceitou. Não queria libertar o povo de Moisés.

O último problema terrível estava por vir: os primogênitos morreriam. Os primogênitos hebreus ficaram seguros, pois o sangue de um cordeiro foi passado nas ombreiras das portas. Por fim, o faraó viu como Deus é poderoso e cedeu!

Os primogênitos hebreus estavam seguros depois que um cordeiro morreu em seu lugar. Jesus é o cordeiro que morreu em nosso lugar. Podemos depender dele para cuidar de nós.

UM CAMINHO ATRAVÉS DO MAR
ÊXODO 14

Os hebreus saíram marchando do Egito! Mas o coração do faraó se endureceu, e ele mudou de ideia. O exército do faraó estava seguindo o povo, e o Mar Vermelho estava diante deles. Moisés confiou, Deus o ajudou a abrir um caminho através do mar e todos os israelitas atravessaram com segurança. Quando os egípcios tentaram atravessar, eles ficaram presos e a água desabou ao redor deles.

Por milagre, Deus abriu um caminho para os hebreus libertos e lhes deu um bom futuro. O amor de Deus está conosco sempre: em dias de milagres e em dias comuns!

COMIDA NO DESERTO
ÊXODO 15–16

Quando chegaram ao deserto, os hebreus gemiam e reclamavam, sem saber onde encontrar comida ou água. Eles até pensaram em voltar para o Egito! Eles pararam de louvar a Deus após terem sido libertos do faraó, mas toda manhã Deus cuidava deles, fornecendo comida boa. Eles chamaram o alimento de maná, que significa "O que é?".

Jesus nos ensinou a pedir ao nosso Pai celestial o "pão de cada dia" porque Deus não mudou. Ele ainda ama prover para seus filhos.

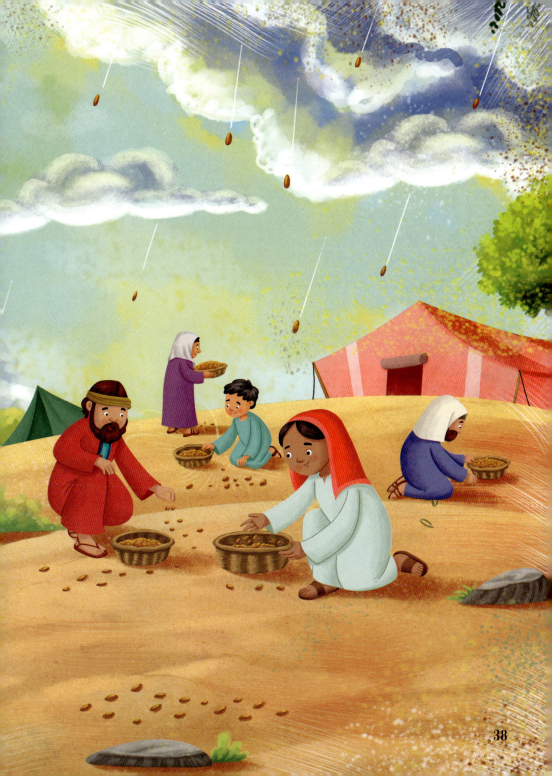

OS MANDAMENTOS DE DEUS
ÊXODO 20

Deus ofereceu ao povo bênçãos, paz e alegria. Se escolhessem honrar a Deus e obedecer a seus mandamentos, poderiam desfrutar da presença amorosa de Deus. Alguns desses mandamentos incluem "respeitar e obedecer aos pais" e "não mentir". Deus nos ama e nos quer perto. Mostramos a Deus que o amamos obedecendo aos mandamentos d'Ele.

Jesus disse que os mandamentos de Deus podem ser resumidas assim: "Amar a Deus sobre todas as coisas e ao próximo como a si mesmo".

A ORAÇÃO DE MOISÉS
ÊXODO 33

Mais de uma vez, os israelitas foram teimosos e quebraram a promessa de obedecer a Deus. Por isso, o povo seguiria para sua nova terra, mas Deus não estaria com eles. Moisés implorou ao Senhor que os perdoasse e os guiasse. Deus sabia que o povo não poderia viver sem Ele, e seu coração bondoso respondeu:

– Sim. Estarei com vocês!

Moisés ficou surpreso com a compaixão e o perdão de Deus. O Senhor é santo e tem total compaixão de nós o tempo todo.

OS DOZE ESPIÕES
NÚMEROS 13–14

Moisés enviou doze homens para espiar a terra prometida de Canaã. Levando de volta frutas deliciosas, dez relataram:

– A terra está cheia de leite e mel, assim como Deus prometeu, mas há pessoas fortes e cidades grandes! Não podemos ir lá!

Apenas dois homens, Josué e Calebe, confiaram em Deus e disseram:

– Se o Senhor se agradar de nós, Ele nos dará esta terra.

Deus nos ama o bastante para nos deixar fazer escolhas. Vamos nos lembrar do maravilhoso amor e do cuidado do Senhor e escolher confiar n'Ele, em vez de confiar em nossa própria força.

A SERPENTE DE BRONZE
NÚMEROS 21

Os hebreus se esqueceram da bondade do Senhor e começaram a reclamar. Deus ficou triste e zangado porque o povo não confiava n'Ele. Mas o povo logo se arrependeu quando cobras venenosas entraram em seu acampamento. Eles estavam com medo, mas Moisés orou ao Senhor por eles. Deus instruiu Moisés:

– Faça uma serpente de bronze e coloque-a em uma haste. Quem for picado poderá olhar para essa serpente, e viverá.

Deus ouve nossas orações e é bom para nós. Ele cura os necessitados. Esta história é um símbolo de Jesus na cruz. Quem olhar com fé para Jesus ganhará perdão e vida eterna.

JOSUÉ SE TORNA O LÍDER
DEUTERONÔMIO 29–31

Moisés incentivou o povo a se lembrar da bondade de Deus:

– Deus sempre quer o melhor para vocês, mas vocês devem escolher! Se seguirem o caminho do Senhor, Ele cuidará de vocês. Se viverem de forma egoísta, perderão sua terra e verão que a vida é difícil.

Moisés passou sua missão a Josué:

– Agora você é o líder. Seja forte e corajoso! Deus está com você!

Deus não criou regras para estragar a vida, mas para que as pessoas pudessem viver da melhor maneira possível e desfrutar de todas as bênçãos d'Ele.

A TERRA PROMETIDA
JOSUÉ 1–6

Deus fez um caminho através do rio Jordão, e Josué conduziu os israelitas para a Terra Prometida! À frente, estava a cidade de Jericó. Por seis dias, o exército israelita marchou ao redor das enormes muralhas. No sétimo dia, eles marcharam ao redor da cidade sete vezes. As trombetas soaram, e Josué ordenou:

– Gritem! O Senhor lhes deu a cidade! – E as muralhas caíram!

Deus cumpriu suas promessas: a família de Abraão se transformou em uma enorme multidão e chegou à terra que Deus lhes havia prometido! Podemos sempre confiar no que Deus diz.

DEUS ESCOLHE GIDEÃO
JUÍZES 6–7

Muitos anos se passaram. Os inimigos continuavam tomando as colheitas e os animais dos israelitas. Por fim, os israelitas pediram ajuda a Deus, que enviou Gideão para liderá-los. Uma noite, os homens de Gideão rodearam silenciosamente o acampamento inimigo usando tochas escondidas. De repente, eles quebraram os jarros, levantaram as tochas e gritaram! Os inimigos ficaram surpresos e com medo – e fugiram! Deus ajudou Gideão a vencer com trezentos soldados contra milhares!

Gideão aprendeu que é melhor confiar em Deus do que depender das pessoas. O Senhor está esperando para ouvir nossos pedidos; então, vamos nos lembrar de pedir sua orientação.

RUTE ENCONTRA BOAZ
RUTE 1–4

Noemi era uma mulher que amava a Deus. Seu marido e seus filhos morreram, mas sua nora Rute prometeu morar sempre com ela. Noemi e Rute se mudaram para um lugar novo e precisavam de comida. Boaz, um fazendeiro bondoso, deixou Rute apanhar espigas em seu campo e compartilhou sua refeição com ela. Quando Boaz se casou com Rute, Noemi sabia que Deus havia planejado essa grande alegria.

Boaz foi bom com Rute e Noemi quando elas estavam necessitadas. Deus abençoou a bondade de Boaz. Muitos anos depois, Jesus nasceu da descendência de Boaz e Rute para abençoar o mundo.

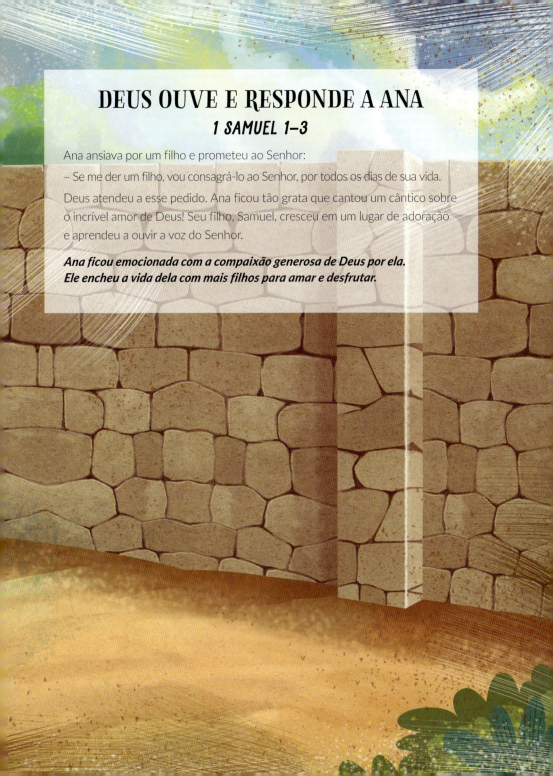

DEUS OUVE E RESPONDE A ANA
1 SAMUEL 1–3

Ana ansiava por um filho e prometeu ao Senhor:

– Se me der um filho, vou consagrá-lo ao Senhor, por todos os dias de sua vida.

Deus atendeu a esse pedido. Ana ficou tão grata que cantou um cântico sobre o incrível amor de Deus! Seu filho, Samuel, cresceu em um lugar de adoração e aprendeu a ouvir a voz do Senhor.

Ana ficou emocionada com a compaixão generosa de Deus por ela. Ele encheu a vida dela com mais filhos para amar e desfrutar.

DAVI, O MENINO PASTOR
1 SAMUEL 16

Quando Samuel ficou adulto, Deus o enviou para ungir um novo rei entre os filhos de uma certa família. Sete meninos eram altos e bonitos, mas Deus disse:

– Não! Eu, o Senhor, não vejo a aparência, mas o coração.

Finalmente, o mais novo, Davi, que estava cuidando das ovelhas, chegou. Ele era o único que Deus havia escolhido!

Deus está sempre olhando o interior de nosso coração! Quando o adoramos acima de tudo, o restante terá um lugar certo em nossas vidas.

DAVI LUTA CONTRA UM GIGANTE
1 SAMUEL 17

Os inimigos de Israel tinham um grande guerreiro. Quando Davi foi levar alimento a seus irmãos, que lutavam na guerra, o gigante inimigo gritou:

– Envie um homem para lutar comigo!

Mesmo de aparência frágil, Davi se ofereceu para lutar, pois já havia enfrentado um urso e um leão, com a ajuda de Deus. Davi atirou uma pedra, o gigante caiu no chão e os inimigos se dispersaram!

Deus viu os israelitas sendo maltratados por seus inimigos. Davi amava e confiava em Deus, e foi escolhido para liderar seu povo.

DAVI É BOM
2 SAMUEL 9

O rei Saul tinha inveja de Davi, mas o filho do rei, Jônatas, era o melhor amigo dele! Quando Davi se tornou rei, queria mostrar bondade à família de Saul por causa de Jônatas. Davi conheceu o filho de Jônatas, Mefibosete, que tinha uma deficiência nos pés. Davi devolveu a terra da família de Mefibosete para ele e o convidou a comer sempre no palácio.

Deus ama todas as pessoas e quer que sejamos bondosos. Podemos pedir a Deus que nos ajude a ver e amar as pessoas ao nosso redor.

O CÂNTICO DO PASTOR, DE DAVI
SALMOS 23

O Senhor é meu pastor,

nada me faltará!

Posso descansar em pastos verdes,

junto de água limpa e refrescante.

Ele me ensina a honrar seu nome.

Se eu andar pelo vale das sombras, não terei medo,

porque Ele está comigo

e me dá segurança.

Viverei na casa d'Ele por longos dias!

Davi escreveu muitos cânticos bonitos. Neste Salmo, Davi descreveu Deus como o maravilhoso Bom Pastor, sempre cuidando e provendo para nós, suas ovelhas.

DEUS É MISERICORDIOSO
SALMOS 51

Deus, tem misericórdia de mim
por sua grande compaixão.
Lave todos os meus erros e me purifique.
Eu reconheço que errei e que ofendi o Senhor.
Dê-me um coração puro e um espírito reto.
Por favor, não tire de mim seu Santo Espírito.
Dê-me a alegria de sua salvação,
e ensinarei os seus caminhos aos pecadores.

Davi aprendeu que Deus está certo em estar zangado com o pecado, mas o Senhor é misericordioso e nunca afasta ninguém que tenha um coração humilde e arrependido.

DEUS É GRANDE
SALMOS 103

Minha alma bendiz ao Senhor,

e todo o meu ser bendiz seu santo nome.

Ele nos perdoa e não nos pune como merecemos.

Da mesma forma que estão longe o leste e o oeste,

é assim que Ele afasta de nós os nossos pecados!

Como um pai, Ele nos entende completamente.

O Senhor é Rei sobre todos. Que minha alma louve o Senhor!

Davi ficou tão emocionado com o incrível amor e o perdão de Deus que chamou todos os anjos e toda a criação para se juntarem a ele em louvor a Deus!

DEUS NUNCA DORME
SALMOS 121

Eu olho para as montanhas, de onde virá o meu socorro?
O meu socorro vem do Senhor, que fez o Céu e a Terra.
Ele nunca dorme e sempre cuida de mim.
O Sol não me fará mal de dia, nem a Lua, de noite.
O Senhor está sempre ao meu lado para me proteger!

Deus nos criou, Ele nos ama e nos quer perto d'Ele, protegidos dia e noite.

UM PRESENTE ESPECIAL PARA SALOMÃO
1 REIS 3; 2 CRÔNICAS 1

Deus perguntou ao filho de Davi:

– O que devo dar a você, Salomão?

– Quero ser um bom rei. Por favor, me dê sabedoria para governar seu povo. Mostre-me o que é certo e o que é errado – respondeu Salomão, humildemente.

Deus se agradou do pedido de Salomão e disse:

– Eu lhe darei um coração sábio; e lhe darei riquezas e uma vida longa.

Deus quer que andemos por caminhos que Ele possa abençoar. Quando pedimos, Deus nos dá sabedoria para distinguir o certo do errado e força para escolher o caminho certo.

O TEMPLO MAGNÍFICO
1 REIS 5–8; 2 CRÔNICAS 2–7

Depois de sete anos, milhares de trabalhadores terminaram de construir um templo magnífico, com pedras enormes, madeira especial, muito ouro e tecidos maravilhosos. Eles colocaram no templo objetos especiais para adoração. O rei Salomão orou:

– Deus, o Senhor criou tudo e não habita em edifícios, mas aqui queremos estar perto do Senhor e ouvir a sua Palavra.

Deus nos diz, como fez com Salomão:

– Sim! Estarei com vocês.

Deus vive nas pessoas. Podemos adorar a Deus onde estivermos!

ELIAS E OS CORVOS
1 REIS 17

Depois de gerações, o rei Acabe e a rainha Jezabel adoraram deuses inventados, chamados ídolos. Então, Deus avisou:

– Pelos próximos anos, não haverá chuva nem orvalho.

Sem chuva, as plantações não cresciam. O Senhor mandou Elias ir morar perto de um riacho, para fugir da seca.

Os corvos levavam pão e carne ao profeta de Deus, Elias. Quando o riacho secou, Deus enviou Elias para ajudar uma viúva e seu filho. Eles quase não tinham comida. O profeta disse:

– Faça pão para mim, e Deus proverá mais! – E foi isso que aconteceu!

Depois que cada pão era feito, sempre havia farinha e óleo para assar mais pão! Deus é generoso, especialmente quando estamos prontos para compartilhar com os outros.

76

QUEM É O VERDADEIRO DEUS?
1 REIS 18

Elias fez um desafio. Os adoradores de ídolos de Jezabel fizeram um sacrifício. Durante todo o dia, centenas deles imploraram a seu deus para enviar fogo. Nada aconteceu! Então, Elias preparou o altar de Deus com doze pedras, cobertas com madeira e com o sacrifício. Elias encharcou o altar com água e orou:

– Mostre a essas pessoas que o Senhor é Deus!

O fogo de Deus queimou tudo, até mesmo as pedras!

Deus é o único Deus verdadeiro! Ele é Todo-Poderoso e merece nossa adoração. Ele ouve as nossas orações.

NAAMÃ É CURADO
2 REIS 2, 5

Depois que Elias foi para o céu na carruagem de fogo, um novo profeta, chamado Eliseu, ficou em seu lugar. Naamã, um importante soldado sírio, tinha uma doença de pele. Uma garotinha que trabalhava na casa de Naamã disse a ele que Deus o curaria. Naamã viajou muito, até Israel, para ser curado. O profeta Eliseu disse:

– Mergulhe no rio Jordão sete vezes.

Naamã não achou que fosse uma boa ideia, mas acabou obedecendo ao que o Senhor havia dito por meio de Eliseu. Assim, Deus o curou completamente!

Foi uma garotinha que compartilhou com Naamã as boas notícias de que Deus o curaria. Quem você pode incentivar hoje com boas notícias?

JOÁS, O REI MENINO
2 REIS 11–12; 2 CRÔNICAS 24

O rei de Judá, Acazias, morreu, e sua família discutia sobre quem seria o próximo governante. O bebê príncipe Joás, filho de Acazias, foi resgatado em segredo e escondido no templo. Quando completou 7 anos, ele foi coroado rei, em vez dos membros perversos de sua família. O rei Joás confiou em Deus e levou muitas pessoas a seguirem os mandamentos do Senhor, ainda que elas fossem desobedientes.

Joás se tornou rei quando era criança. Deus ama a todos: adultos, adolescentes e crianças pequenas! Ninguém é jovem demais para fazer parte dos planos de Deus.

ISAÍAS, O AJUDANTE DE DEUS
ISAÍAS 6

Um homem chamado Isaías teve uma visão de Deus sentado em um trono alto, cercado por anjos. A santidade do Senhor encheu a sala, e Isaías se percebeu como um grande pecador. Deus viu Isaías e perdoou seus pecados. Quando o Senhor requisitou um mensageiro voluntário, Isaías respondeu:

– Envie a mim!

E Isaías pregou a Palavra de Deus às pessoas; mas elas se recusaram a ouvir. Inimigos fortes marcharam e tomaram seu reino do norte.

Deus nos ama e quer que estejamos perto d'Ele. Ele nos chama, de braços abertos, e nos oferece perdão!

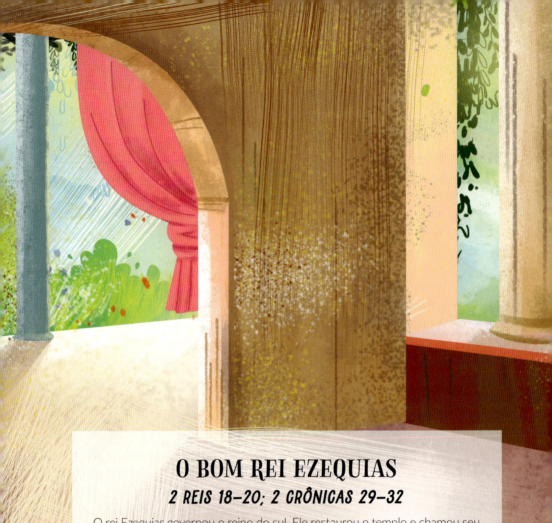

O BOM REI EZEQUIAS
2 REIS 18–20; 2 CRÔNICAS 29–32

O rei Ezequias governou o reino do sul. Ele restaurou o templo e chamou seu povo para adorar a Deus. O Senhor perdoou todos os que queriam segui-lo.

Invasores fortes, acampados nas proximidades, se gabavam de que nenhum deus poderia detê-los. Ezequias pediu a Deus que resgatasse seu povo e mostrasse seu poder. Naquela noite, o anjo de Deus derrotou o inimigo! Os soldados de Ezequias não precisaram lutar!

Deus se importa, Ele nos ouve e responde! O coração de Ezequias estava puro, e Ezequias queria que o nome de Deus fosse honrado. Deus respondeu às orações de Ezequias e resgatou Seu povo.

JOSIAS E O LIVRO PERDIDO
2 REIS 22–23; 2 CRÔNICAS 34

Anos depois de Ezequias ter sido rei, Josias, aos 8 anos, tornou-se rei. Ele queria levar as pessoas de volta aos caminhos de Deus. Durante seu reinado, os trabalhadores do templo encontraram o "Livro da Lei do Senhor" abandonado e empoeirado. Josias leu o livro e ficou angustiado ao ver que as pessoas haviam se esquecido dos mandamentos de Deus. Quando eles foram lidos em voz alta, todos prometeram voltar para Deus e se livrar dos ídolos.

Tudo mudou quando as pessoas ouviram a Palavra de Deus! Ela é sempre verdadeira e atual, e nos ensina a como seguir a Deus.

UMA LIÇÃO NA CASA DO OLEIRO
JEREMIAS 18, 29

Jeremias era um profeta. Deus pediu que Jeremias fosse a uma olaria, onde se fazem barros, e disse:

Assim como o oleiro restaura um vaso quebrado, fazendo dele um vaso novo, não poderei eu fazer o mesmo com Israel?

Deus disse que, se as pessoas se convertessem pelas palavras do profeta, não lhes faria mal.

O coração de Deus transbordou de amor e de bons planos para seu povo teimoso, mas eles não quiseram ouvir. Devemos escolher: seguimos o caminho de Deus ou o nosso?

OS TRÊS AMIGOS DE DANIEL
DANIEL 3

Daniel e seus amigos eram israelitas que haviam sido levados à força para a Babilônia. Lá, o rei Nabucodonosor ordenou que todos adorassem seu enorme ídolo de ouro. Do contrário, seriam punidos. Os três amigos de Daniel disseram:

– Não! Nós nos curvamos apenas diante de Deus.

Nada poderia machucá-los, porque o anjo de Deus os estava protegendo. Eles foram empurrados para um enorme forno aceso, mas nem suas roupas queimaram! O rei aprendeu que só existe um Deus verdadeiro.

Deus é Rei sobre todos os governantes do mundo. Se os governantes fazem leis contra os mandamentos d'Ele, devemos escolher obedecer a Deus.

DANIEL NA COVA DOS LEÕES

Daniel tinha a admiração do rei da Babilônia. Por causa disso, os outros líderes, com inveja, conspiraram contra ele.

Então, eles lisonjearam o rei:

– Vossa Majestade! Faça uma nova lei! As pessoas só devem orar para você, ou serão jogadas aos leões!

Daniel não parou de orar a Deus e por isso foi jogado em uma cova de leões famintos. O anjo de Deus o protegeu e fechou a boca dos leões! Na manhã seguinte, Daniel saiu ileso!

Daniel conhecia Deus e confiava totalmente n'Ele. Em sua bondade, o Senhor cuidou de Daniel e o protegeu dos planos dos homens maus.

DE VOLTA A JERUSALÉM
ESDRAS 1–3; AGEU 2; ZACARIAS 8

A promessa de Deus estava se tornando realidade! Os judeus que foram exilados na Babilônia voltaram para casa, com tesouros recuperados do templo de Deus, que havia sido invadido anos antes.

Depois da longa e cansativa jornada, os viajantes choraram! Sua bela cidade estava arruinada, e o templo era um monte de escombros. Enquanto o reconstruíam, os mensageiros de Deus os incentivaram:

– Lembrem-se: Deus está com vocês!

Quando estamos cansados e tristes, podemos lembrar que nosso Deus amoroso está conosco. E Ele sempre cumpre suas promessas!

CONSTRUINDO OS MUROS DE JERUSALÉM
NEEMIAS 1–10

Longe de casa, Neemias, um líder dos israelitas, recebeu a notícia:

– Os muros de Jerusalém estão arruinados!

O rei permitiu que Neemias fosse até Jerusalém e ainda o ajudou a conseguir materiais de construção! Neemias colocou todos para trabalhar; alguns construíram e outros ficaram de vigia contra inimigos. As enormes paredes foram concluídas em 52 dias! Quando os mandamentos de Deus foram lidos em voz alta, as pessoas perceberam que haviam falhado e prometeram obedecer.

Neemias organizou as pessoas para trabalharem juntas como uma grande equipe. Com a força de Deus, podemos trabalhar com nossa família e nossos amigos para ajudar as comunidades.

UMA BELA RAINHA
ESTER 1–7

O rei persa amava sua rainha judia, Ester. O orgulhoso primeiro-ministro, Hamã, adorava elogios, mas o primo de Ester, Mardoqueu, não se curvava a ele. Hamã enganou o rei, que assinou uma lei para matar todo o povo judeu:

– Vossa Majestade! O povo judeu desobedece a suas leis. Puna-os!

O rei não sabia que eles eram o povo de Ester. Corajosa, Ester conversou com o rei e lhe explicou que o plano de Hamã a mataria. O rei, furioso, puniu Hamã, e não Ester.

Ester falou com coragem quando soube do plano perverso de Hamã. Deus abençoou sua coragem e cuidou do povo judeu.

JONAS E O GRANDE PEIXE
JONAS 1–3

Jonas foi um profeta escolhido para levar a Palavra de Deus à cidade de Nínive; mas ele desobedeceu e resolveu fugir. Jonas embarcou em um navio que ia na direção oposta, e, por culpa de Jonas, teve início uma tempestade terrível. Então, ele foi jogado no mar. Deus enviou um grande peixe para engoli-lo. Jonas se arrependeu e foi cuspido pelo peixe após três dias! Depois disso, foi pregar a Palavra em Nínive, e as pessoas creram!

Todas as pessoas em todos os países do mundo são feitas por Deus, e Ele cuida igualmente de cada uma. Podemos ajudar a levar a mensagem de perdão e compaixão de Deus a todas as pessoas.

NOVO TESTAMENTO
O SALVADOR ESTÁ VINDO
LUCAS 1; MATEUS 1:18–25

Um anjo visitou uma moça chamada Maria, que vivia em Nazaré, e disse a ela que, pelo poder de Deus, ela teria um menino: Jesus, o Salvador do mundo! Um anjo também avisou em sonho José, o futuro marido de Maria. Ele ficou feliz em cuidar de Maria e de seu bebê.

O grande plano de Deus estava se realizando! Deus amava tanto o mundo que enviaria seu Filho do céu para a terra para ser o Salvador!

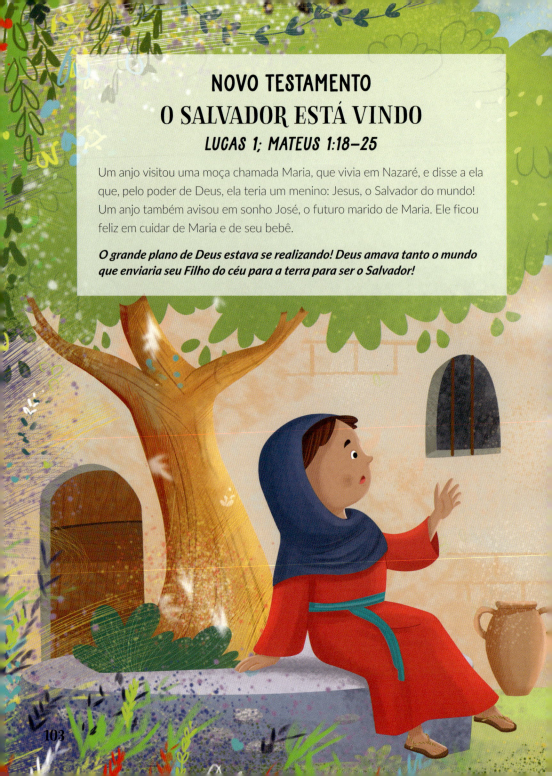

O NASCIMENTO DE JESUS
LUCAS 2

José e Maria tiveram de viajar para Belém, mas, chegando lá, não havia vaga para eles em nenhuma hospedaria. O bebê de Maria, Jesus, acabou nascendo em um estábulo e foi colocado em uma manjedoura. Os pastores foram os primeiros a ouvir a notícia de um anjo:

– Hoje nasceu o Salvador. Ele está em uma manjedoura!

Um coro de anjos cantou:

– Glória a Deus! Paz na terra!

Os pastores correram para Belém e viram que era verdade!

Deus escolheu pastores comuns para serem os primeiros a encontrar e adorar Jesus. Animados, eles contaram a todos que sabiam que o Salvador havia nascido!

SEGUINDO UMA ESTRELA
MATEUS 2

Alguns reis sábios do Oriente estavam seguindo uma estrela. Eles sabiam que um rei havia nascido. Foram até o palácio do rei Herodes e perguntaram:

– Onde está o novo rei que acaba de nascer?

Herodes ficou furioso! Os reis viram de novo a estrela e partiram para Belém, chegando até Jesus. Eles adoraram a criança e lhe deram ouro, incenso e mirra.

Jesus seria um governante diferente do rei Herodes, que só queria poder. Jesus mostrou que é um Rei bom e gentil.

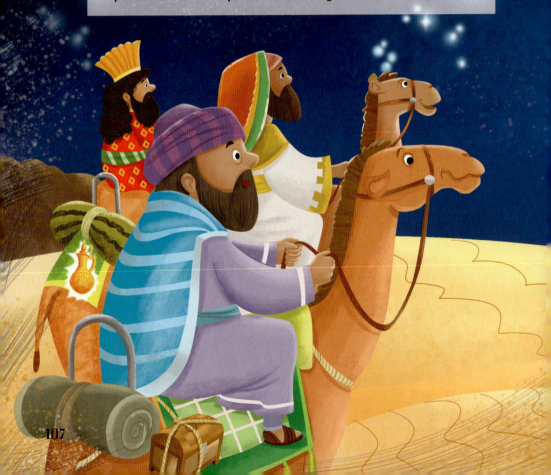

JESUS É BATIZADO
MATEUS 3; MARCOS 1; LUCAS 3; JOÃO 1

João era um homem corajoso que vivia no deserto e pregava:

– Arrependam-se! Afastem-se de seus pecados, pois o Reino de Deus está perto! Busquem o batismo!

Quando Jesus se aproximou, João anunciou:

– Eis o Cordeiro de Deus!

Quando Jesus foi batizado por João, o céu se abriu, e o Espírito de Deus desceu sobre Jesus em forma de pomba. E se ouviu uma voz do céu:

– Este é o meu Filho amado!

Deus ama o mundo inteiro, por isso enviou seu Filho como o Cordeiro que nos redime e dá nova vida!

JESUS É TENTADO NO DESERTO
MATEUS 4; MARCOS 1

Depois de 40 dias no deserto seco e quente, Jesus estava com muita fome. O Diabo disse:

– Se você é o Filho de Deus, transforme pedras em pão!

Ele queria que Jesus caísse na tentação. Mas Jesus respondeu:

– Nem só de pão viverá o homem, mas de toda Palavra da boca de Deus.

Outras duas vezes o Diabo tentou Jesus, mas Jesus não aceitou.

Jesus nos mostrou perfeitamente como viver no caminho de Deus e renunciar a tudo aquilo que o mundo oferece, escolhendo a vontade de Deus. Ele sabia que Deus cuidaria dele e nunca foi egoísta.

JESUS TRANSFORMA ÁGUA EM VINHO
JOÃO 2

Jesus, a mãe d'Ele e os discípulos foram convidados para uma festa de casamento. Quando soube que o vinho havia acabado, a mãe de Jesus ficou muito preocupada e foi falar com o Filho. Ele pediu aos empregados que enchessem grandes jarros com água e os levassem ao dirigente da festa. O dirigente ficou surpreso:

– Este é o melhor vinho. Aquele que as pessoas geralmente servem primeiro! – disse ele.

Jesus viu a preocupação de Maria e sentiu compaixão pelos noivos. Ele deu a ela o que ela precisava. Assim como Jesus transformou a água em vinho, Ele nos ajuda a mudar de dentro para fora.

O ENCONTRO COM NICODEMOS
JOÃO 3

Nicodemos era um príncipe dos judeus que queria aprender com Jesus, que disse ao homem:

– Uma pessoa só pode ver o Reino de Deus se ela nascer de novo.

Nicodemos ficou confuso e perguntou a Jesus como alguém que já é velho poderia nascer de novo do ventre de sua mãe, e Jesus explicou:

– Quem não renascer da água e do Espírito não poderá entrar no Reino de Deus.

Não podemos criar nossas próprias ideias de como nos juntar à família de Deus. Devemos seguir o caminho de Deus! Ele convida todos a acreditar em Jesus.

A MULHER SAMARITANA
JOÃO 4

Jesus estava descansando perto de um poço. Uma mulher samaritana veio com um balde. Jesus lhe pediu água para beber. A mulher ficou surpresa, pois judeus e samaritanos não se falavam. Jesus disse:

– Se você soubesse quem está lhe pedindo água, você mesma me pediria.

Depois dessa conversa e de a mulher entender que Jesus era a fonte da vida eterna, ela correu para os aldeões e disse:

– Conheci alguém que sabe tudo sobre a minha vida! Acho que Ele é o Salvador prometido!

Jesus sabia que a mulher havia quebrado muitos dos mandamentos, mas mostrou bondade. Ele ofereceu a ela um novo começo, com o Espírito de Deus dentro dela. A mulher mal podia esperar para espalhar a boa notícia!

JESUS VISITA NAZARÉ
LUCAS 4

Jesus visitou a sinagoga de sua cidade de infância, Nazaré. Ele leu em voz alta do Livro de Deus:

– O Espírito de Deus está comigo para pregar a Boa Nova aos pobres, anunciar liberdade aos prisioneiros, dar visão aos cegos, libertar aqueles que estão sobrecarregados e afirmar que este é o tempo da bênção de Deus!

As palavras que Jesus leu em voz alta eram sobre Ele mesmo, embora tivessem sido escritas centenas de anos antes. Jesus veio para ajudar e também curar!

A CURA DO FILHO DO OFICIAL
JOÃO 4

Uma criança perto de Caná estava morrendo, e seu pai, um oficial importante, implorou a Jesus que a curasse. Jesus disse:

– Vá para casa. Seu filho vive!

O homem acreditou. Ele chegou em casa e descobriu que a febre havia deixado o menino no exato momento em que Jesus havia falado. Toda a família do oficial passou a acreditar em Jesus.

Enquanto esteve na Terra, Jesus mostrou compaixão por muitas pessoas e curou todos os tipos de doenças. Jesus ainda ouve todos os que o chamam com fé.

A CURA NO TANQUE DE BETESDA
JOÃO 5

Muitos doentes estavam deitados ao redor de um tanque, pois acreditavam que, quando as águas se agitassem, a primeira pessoa que entrasse seria curada. Um homem estava doente fazia 38 anos.

Quando Jesus soube da situação e o homem lhe explicou tudo, disse:

– Levante-se, pegue sua cama e ande! – E o homem se levantou!

Algumas pessoas não concordaram porque Jesus curou alguém no dia de sábado, mas Jesus se importa mais com as pessoas do que com as tradições.

O homem doente achava que nunca seria curado. Mas Jesus o viu e o curou. Deus quer que vejamos as necessidades das pessoas ao nosso redor e as ajudemos.

JESUS E A CURA DO LEPROSO
MATEUS 8; MARCOS 1; LUCAS 4–5

Um homem com uma terrível doença de pele se ajoelhou e implorou a Jesus:

– Sei que se o Senhor quiser, pode me curar.

Jesus tocou o homem e disse:

– Eu quero! Fique curado!

Imediatamente, a doença foi embora. Todos queriam estar perto de Jesus! Ele não podia entrar em uma cidade sem ser notado; multidões iam a Ele todas as vezes.

O homem com a doença de pele estava acostumado a ser excluído. Cheio de compaixão, Jesus o tocou quando ninguém mais o faria. O toque de Jesus o curou!

HOMENS DE FÉ
MARCOS 2; LUCAS 5

Quatro homens carregavam seu amigo paralítico, mas não conseguiram se aproximar de Jesus, pois havia muita gente no lugar onde estava. Então, fizeram um buraco no telhado, em cima de onde Jesus estava, e desceram o amigo na cama. Jesus, vendo a fé dos amigos, disse:

– Seus pecados estão perdoados.

Algumas pessoas pensaram: "Só Deus pode dizer isso!". Mas Jesus é Deus! Ele perdoa e cura. Jesus disse ao paralítico que se levantasse e fosse para casa, e o homem conseguiu!

Jesus tinha compaixão pelas pessoas doentes e também pelas que sofriam de pecado. Ele curou livremente o corpo das pessoas, perdoou suas escolhas erradas e cuida de nós ainda hoje.

A VERDADEIRA FELICIDADE
MATEUS 5–7; LUCAS 6, 12

Jesus ensinou que os humildes e os que promovem a paz são bem-aventurados; que devemos amar os nossos inimigos e não devemos devolver o mal a eles! Que temos de fazer pelos outros o que queremos que façam a nós. E que devemos reconhecer as nossas próprias falhas antes de julgarmos os outros! Por fim, devemos pedir a Deus aquilo que precisamos, e Ele ouvirá a nossa oração.

Como filhos de Deus, nunca encontraremos felicidade no dinheiro ou nas coisas materiais. A verdadeira felicidade está em colocar Deus em primeiro lugar e tratar bem os outros.

AS AVES DO CÉU E OS LÍRIOS DO CAMPO
MATEUS 6; LUCAS 12

Jesus disse:

– Não juntem muito dinheiro e coisas materiais. Eles acabam e os ladrões podem roubá-los. Guardem tesouros no céu!

Não se preocupem com roupas, comida ou qualquer outra coisa! Olhem os pássaros no céu: não se preocupam com nada, mas Deus os alimenta! Olhem os lírios do campo: eles não trabalham nem tecem roupas, mas são lindamente vestidos. Então, Deus certamente cuidará de você!

Deus tem compaixão e bons planos para todos e para tudo em seu mundo maravilhoso. Ele quer que confiemos n´Ele e ajamos com amor e bondade.

COMO ORAR
MATEUS 6; LUCAS 11

Jesus ensinou seus discípulos a orarem a Deus assim:

Pai nosso que estás nos céus,

santificado seja o teu nome. Venha a nós o teu Reino.

Seja feita a tua vontade, assim na Terra como no Céu.

O pão nosso de cada dia dá-nos hoje.

Perdoa-nos as nossas dívidas, assim como nós perdoamos aos nossos devedores.

E não nos deixeis cair em tentação, mas livra-nos do mal,

pois teu é o Reino, o poder e a glória, para sempre. Amém.

Precisamos do perdão de Deus, mas também precisamos perdoar os outros. O Senhor pode nos ajudar a mostrar graça, como Ele faz.

UMA PESSOA SÁBIA
MATEUS 7; LUCAS 6

Jesus disse:

– Todo aquele que põe em prática os meus ensinamentos é como um sábio que constrói sua casa sobre a rocha. Aquela casa vai resistir às chuvas, às inundações e aos ventos! Mas quem ouvir minhas palavras e não as praticar é como um homem tolo construindo sua casa na areia. Sua casa desmoronará completamente nessas situações.

Jesus falou palavras de vida eterna. É importante construirmos nossa vida de acordo com as palavras de Jesus, ouvindo e obedecendo ao que Ele disse.

135

A PARÁBOLA DO SEMEADOR
MATEUS 13; MARCOS 4; LUCAS 8

Um semeador espalhou suas sementes. As que caíram no caminho logo foram comidas pelos pássaros. As que caíram entre as rochas começaram a crescer, mas logo murcharam, porque suas raízes não tinham solo. As sementes que caíram entre os espinhos ficaram sufocadas. Mas as sementes que caíram em solo bom deram uma bela colheita. Estas sementes são como os que ouvem a Palavra de Deus e a colocam em prática.

Para crescer no Reino de Deus, devemos rejeitar as preocupações e as posses materiais. Quando focamos totalmente em seguir o caminho de Deus, somos como as belas colheitas.

JESUS ACALMA A TEMPESTADE
MATEUS 8; LUCAS 8

Jesus havia escolhido doze homens para serem seus discípulos. Uma noite, eles estavam todos juntos em um barco. Jesus estava dormindo na parte de trás. De repente, uma forte tempestade começou. Os discípulos entraram em pânico, gritando:

– Mestre! Estamos afundando, e o Senhor não se importa?!

Jesus respondeu:

– Por que estão com medo? Homens de pouca fé!

Jesus se levantou e ordenou que o vento e as ondas se acalmassem. No mesmo instante, o mar ficou tranquilo!

Jesus viu que seus discípulos estavam com medo. Ele parou a tempestade e lembrou aos discípulos que deveriam confiar n'Ele.

JESUS RESSUSCITA A FILHA DE JAIRO
MATEUS 9; MARCOS 5; LUCAS 8

Um pai chamado Jairo implorou a Jesus que curasse sua filha doente. Então, um mensageiro trouxe a notícia de que a menina havia morrido. Jesus disse:

– Não tema, apenas creia.

Do lado de fora da casa, Jesus ordenou:

– Parem com o barulho e o choro! Ela não está morta, está dormindo.

Lá dentro, Jesus segurou a mão da menina e disse:

– Menina, levante-se! – E ela se levantou!

Jesus é mais forte que a morte. Quando a família de Jairo estava sem esperança, Jesus mostrou que eles podiam ter esperança n'Ele.

ALIMENTO PARA TODOS
MATEUS 14; MARCOS 6; LUCAS 9; JOÃO 6

Jesus e seus discípulos haviam se retirado para um lugar deserto para descansar, mas a multidão os seguiu.

Jesus teve compaixão, pois sabia que as pessoas estavam famintas e teriam um longo caminho para casa.

– Mandem todos para casa!

– Não – disse Jesus. – Eles precisam de comida!

Jesus multiplicou cinco pães e dois peixes, e isso foi suficiente para alimentar mais de cinco mil pessoas!

Jesus se preocupa com as necessidades diárias de pessoas cansadas e famintas. Em sua bondade, Ele alimentou toda a multidão em vez de mandá-la embora com fome.

JESUS AMA AS CRIANÇAS
MATEUS 18; MARCOS 10; LUCAS 18

Jesus sempre tinha tempo para crianças! Alguém perguntou:

– Quem é o maior no Reino de Deus?

Jesus respondeu:

– Quem acolhe uma criança, acolhe a Mim. Para entrar no Reino de Deus, é preciso ter a fé e a humildade de uma criança. Aquele que for humilde e simples será o maior no Reino dos céus.

Ser humilde significa seguir o exemplo de Jesus e procurar maneiras de servir aos outros em vez de a si mesmo. Ele diz que a fé humilde será abençoada!

A PARÁBOLA DO BOM SAMARITANO
LUCAS 10

Ladrões atacaram um viajante, roubaram todas as suas coisas e o deixaram na beira da estrada. Um sacerdote e um levita do templo ignoraram o homem ferido, que estava deitado no chão sujo. Mas um homem samaritano, que fazia parte de um grupo de pessoas odiadas, teve grande compaixão. Ele enfaixou o homem, montou-o em seu animal, pagou para que ele ficasse em uma pousada e cuidou dele durante a noite.

Aquele homem se esforçou para ser uma pessoa boa!

Cuidar dos outros nem sempre é fácil. Às vezes, exige nosso tempo ou dinheiro, ou nosso abandono das coisas do mundo. Mas Deus nos ordena que sejamos gentis e amemos os outros como Deus os ama.

A PARÁBOLA DA OVELHA PERDIDA E A PARÁBOLA DA MOEDA PERDIDA
LUCAS 15

Se um pastor tem cem ovelhas e uma se perde, ele sai para procurá-la. Voltando para casa com a ovelha nos ombros, ele chama seus amigos:

– Alegrem-se comigo! Encontrei minha ovelha perdida.

Ou imagine uma mulher que perde uma de suas dez moedas de prata. Para procurá-la, acende uma vela e varre a casa. Quando a encontra, comemora com suas amigas e vizinhas. Da mesma forma Deus se alegra quando alguém se arrepende e muda de vida!

O pastor e a mulher não desistiram de procurar até encontrarem o que estava perdido. Da mesma forma, Deus se preocupa com as pessoas que estão longe d´Ele. O céu se enche de alegria quando elas voltam!

A PARÁBOLA DO FILHO PRÓDIGO
LUCAS 15

Um rapaz queria viver o que o mundo oferecia, pediu para o pai sua parte na herança e, então, partiu. E logo desperdiçou tudo. Ele conseguiu um emprego alimentando porcos e estava com tanta fome que desejou comer a comida deles! Ele decidiu ir para casa e pedir perdão. O pai o viu chegando e correu para encontrá-lo com uma recepção calorosa.

Deus está sempre pronto para nos perdoar e nos receber de volta em casa. Nossos pecados nunca são maiores do que sua compaixão por nós.

A PARÁBOLA DO FARISEU E DO COBRADOR DE IMPOSTOS
LUCAS 18

Dois homens foram ao templo para orar. Um era fariseu, e o outro, um cobrador de impostos, que era malvisto na sociedade.

– Eu agradeço por não ser como as pessoas más e esse cobrador de impostos. Faço o bem e pago o dízimo! – anunciou o fariseu.

O cobrador de impostos orou:

– Deus, por favor, tenha misericórdia. Eu sei que sou um pecador!

Deus ouviu e se agradou da oração do segundo homem.

O fariseu não estava falando com Deus, mas consigo mesmo, para que os outros ouvissem e pensassem bem dele. Deus ouve nossas orações quando somos humildes, quando estamos arrependidos e dependemos de sua bondade.

O JOVEM RICO
MATEUS 19; MARCOS 10; LUCAS 18

Um jovem rico perguntou a Jesus:

– Como posso herdar a vida eterna?

O jovem disse que já seguia todos os mandamentos de Deus. Jesus disse:

– Venda seus pertences, dê tudo aos pobres, e você terá um tesouro no céu. Depois, siga-me.

O jovem ficou triste porque amava seus tesouros materiais. Ele se virou e foi embora.

O jovem rico amava suas posses mais do que amava a Deus. Quando colocamos Deus em primeiro lugar em nosso coração, Ele cuida de nossas necessidades.

UM CEGO BARULHENTO EM JERICÓ
MARCOS 10; LUCAS 18

Um cego soube que Jesus estava passando por perto. O homem não parava de gritar:

– Jesus, filho de Davi, tenha piedade de mim!

– O que você quer que eu faça? – Jesus parou e perguntou.

– Senhor, eu quero enxergar! – o cego respondeu.

– Receba sua visão! Sua fé o curou – Jesus respondeu.

No mesmo instante, o homem pôde ver!

Jesus cuidava das pessoas, uma de cada vez. Ele poderia ter se apressado com o cego, mas, em vez disso, parou, passou um tempo com o homem e o curou. Você pode ajudar alguém hoje?

UM HOMEM SOBRE A FIGUEIRA
LUCAS 19

Um homem rico, Zaqueu, que era chefe dos cobradores de impostos, queria ver Jesus, mas era baixo e havia uma multidão. Ele correu na frente e subiu em uma figueira. Jesus parou, chamou-o e visitou sua casa.

Na frente de todos, Zaqueu disse a Jesus:

– Senhor, estou dando metade da minha fortuna aos pobres. Se eu tiver enganado alguém, pagarei quatro vezes o valor!

Quando Zaqueu encontrou Jesus, seu coração mudou completamente. Ele queria consertar o que havia feito de errado. Quando prejudicamos alguém, Deus quer que peçamos perdão e façamos o certo.

A MULHER QUE MOSTROU MUITO AMOR
LUCAS 7

Jesus estava em um jantar quando se aproximou uma mulher. Ela derramou um vaso valioso de um belo perfume sobre os pés dele.

Algumas pessoas maldosas resmungaram:

– Se Jesus fosse mesmo um profeta, saberia que essa mulher tem muitos pecados.

– Ela mostrou muito amor – Jesus disse.

A mulher amava Jesus mais do que tudo e queria dar a Ele algo especial. De que maneira você pode dizer "Eu te amo" para Jesus hoje?

HOSANA AO FILHO DE DAVI
MATEUS 21; MARCOS 11; LUCAS 19; JOÃO 12

Jerusalém estava cheia por causa da festa da Páscoa. Jesus também ia comparecer! Enquanto Jesus entrava na cidade montado em um jumento jovem, as pessoas corriam à frente colocando ramos de árvores e seus mantos. As crianças dançavam e louvavam a Jesus! Multidões acenavam com ramos, aplaudiam e gritavam:

– Hosana! Bendito é o que vem em nome do Senhor!

Jesus entrou na cidade como o Rei, e Ele merece toda a adoração. Ele veio com poder para salvar e livrar da punição do pecado todos aqueles que confiam n'Ele.

PROBLEMAS NO TEMPLO
MATEUS 21; MARCOS 11; LUCAS 19

O pátio do templo estava cheio de barracas barulhentas, para os frequentadores comprarem animais para sacrifícios e trocarem dinheiro. Os comerciantes ganhavam dinheiro injustamente de pessoas que tanto tinham viajado.

Jesus ficou com raiva! Ele expulsou os comerciantes gananciosos e virou as mesas deles, dizendo:

– Minha casa será um lugar de oração para todas as nações, mas vocês estão fazendo dela um covil de ladrões!

Deus não gosta quando as pessoas se comportam injustamente. Ele quer que copiemos Jesus, seguindo o que é certo, tratando os outros com bondade e vivendo humildemente diante d'Ele.

A OFERTA DA VIÚVA
MARCOS 12; LUCAS 21

Jesus viu pessoas ricas colocarem muito dinheiro na caixa de oferta do templo; e viu também uma pobre viúva, que colocou apenas duas moedas. Ele disse aos discípulos:

– A viúva colocou só duas pequenas moedas, mas ofertou mais que todos os outros! Eles colocaram um pouco do que tinham de sobra, mas ela deu tudo o que tinha para viver.

Jesus está sempre olhando para nosso coração! Considerando os próprios padrões, os ricos se sentiam orgulhosos. Mas Jesus viu que a viúva foi muito generosa por amor a Deus.

JESUS LAVA OS PÉS DOS DISCÍPULOS
JOÃO 13

Jesus e seus discípulos estavam jantando, em comemoração à Páscoa. Depois do jantar, Jesus tirou o manto e enrolou uma toalha na cintura, como um servo. Ele derramou água em uma bacia, lavou os pés de cada um dos discípulos e os secou.

Jesus disse aos discípulos:

– Sigam o meu exemplo: lavem os pés uns dos outros. Amem uns aos outros como eu amei vocês.

Lavar os pés de alguém é um trabalho sujo! Jesus fez isso para ensinar os discípulos a serem humildes e a tratarem os outros com extrema bondade. Ele nos ordena a seguirmos seu exemplo.

"FAÇAM ISTO EM MINHA MEMÓRIA."
MATEUS 26; MARCOS 14; LUCAS 22; 1 CORÍNTIOS 11:23-26

Jesus estava prestes a partir. Ele pegou o pão, abençoou-o, dividiu-o e entregou aos discípulos, e disse:

– Peguem o pão e comam, isto é o meu corpo. Façam isto em minha memória.

Jesus pegou o cálice com vinho, agradeceu a Deus e o distribuiu para que todos compartilhassem. Ele disse:

– Este cálice é a nova aliança no meu sangue. Todas as vezes que vocês beberem dele, façam isto em minha memória.

Jesus nos pediu para nos lembrarmos de seu sacrifício. Não há amor maior do que o amor de Deus por nós!

JESUS MORRE NA CRUZ
MATEUS 27; MARCOS 14–15; LUCAS 22–23; JOÃO 18–19

Os líderes religiosos da época estudaram muito para se tornarem mestres. Eles ficaram com inveja quando Jesus explicou com tanta clareza as coisas sobre seu Pai, Deus. Eles inventaram histórias falsas e enviaram soldados para prender Jesus. Queriam condená-lo porque Ele se dizia filho de Deus.

Soldados cruéis feriram Jesus e o pregaram em uma cruz. Jesus pediu a Deus que os perdoasse, pois não sabiam o que estavam fazendo. Então, Jesus morreu. Mas logo Ele estaria vivo novamente!

Deus permitiu que homens cruéis colocassem Jesus na cruz. Jesus nos amou e deu sua vida por nós para que fôssemos perdoados!

JESUS ESTÁ VIVO!
MATEUS 28; MARCOS 16; LUCAS 24; JOÃO 20

Os seguidores de Jesus gentilmente enterraram seu corpo em um túmulo novo no jardim, na sexta-feira. No domingo de manhã bem cedo, algumas mulheres foram até lá para verem e ungirem o corpo de Jesus com alguns aromas.

De repente, uma grande alegria! O túmulo estava vazio, e um anjo anunciou:

– Jesus não está aqui. Ele ressuscitou! Vão e contem para os outros!

Em qualquer época do ano, podemos celebrar a vitória triunfante de Jesus! Ele ressuscitou; a morte foi derrotada! Agora, qualquer um que crê em Jesus pode viver com Ele para sempre.

UM ESTRANHO NO CAMINHO
MARCOS 16; LUCAS 24

Dois dos discípulos iam conversando tristes enquanto caminhavam para um povoado chamado Emaús. E Jesus se aproximou, mas eles não o reconheceram. E perguntou o que eles iam conversando, ao que responderam:

– Acreditávamos que Jesus era o Salvador prometido, mas Ele foi morto de forma cruel. É incrível, algumas pessoas estão dizendo que o túmulo d'Ele está vazio, e Ele está vivo!

O estranho explicou que tudo isso era parte dos planos de Deus. Quando chegaram à aldeia, o homem partiu o pão; e eles perceberam que o estranho era Jesus. Ele verdadeiramente estava vivo!

Os planos de Deus eram que Jesus morresse e ressuscitasse. Quando cremos em Jesus, Ele nos dá uma nova vida e podemos compartilhar as boas novas!

É JESUS!
MARCOS 16; LUCAS 24; JOÃO 20

Os discípulos correram até os outros e começaram a contar as boas notícias com entusiasmo, quando o próprio Jesus entrou na sala. Os discípulos não tinham certeza se Ele era real, então Ele disse:

– Vejam minhas mãos e os meus pés. Toquem-me, um fantasma não tem carne e osso como eu! Vocês têm algo que eu possa comer?

Com alegria e espanto, eles observaram Jesus comer peixe e explicar como os planos de Deus haviam se tornado realidade.

Jesus apareceu aos discípulos, em grandes e pequenos grupos, durante um período de quarenta dias. Agora, não havia dúvida de que Ele estava vivo novamente!

GRANDES PEIXES
JOÃO 21

Sete discípulos foram pescar à noite, mas não pegaram nada. Ao nascer do sol, Jesus estava na praia chamando, mas eles ainda não o tinham reconhecido:

– Joguem as redes no lado direito e pegarão muitos peixes!

Eles obedeceram e mal podiam arrastar a rede, que tinha 153 peixes grandes!

– Venham comer! – Jesus os convidou. Ele tinha preparado pão e feito uma fogueira para assar os peixes. Eles sabiam que era o Senhor. Foi a terceira vez que Ele lhes apareceu depois da Ressurreição.

Jesus sentiu que os pescadores estavam cansados e decepcionados. Com a ajuda milagrosa d'Ele, a tristeza dos pescadores se transformou em alegria!

O SURGIMENTO DA IGREJA
MATEUS 28; MARCOS 16; LUCAS 24; ATOS 1–2

Jesus instruiu seus discípulos:

– Ensinem as pessoas em todos os lugares a obedecerem às minhas palavras. O Espírito Santo está vindo para ajudá-los.

Depois que Jesus voltou para o céu, o Espírito Santo veio, no dia de Pentecostes, soando como vento impetuoso e aparecendo em forma de chamas! Com coragem, Pedro pregou para uma multidão. Milhares de pessoas pediram perdão a Deus. Era o início da Igreja!

A Igreja não é um edifício, mas são as pessoas que confiam em Jesus e têm o Espírito Santo de Deus. O Espírito Santo nos dá poder para fazer o que é certo, nos conforta quando estamos tristes e muda nosso coração para amar a Deus e os outros cada vez mais.

FALANDO SOBRE JESUS
ATOS 3

Um homem que não podia andar estava sentado pedindo esmola quando dois dos discípulos de Jesus, Pedro e João, se aproximaram do templo.

– Eu não tenho ouro nem prata – disse Pedro –, mas posso lhe dar algo melhor! Em nome de Jesus Cristo de Nazaré, eu ordeno que você se levante e ande!

O homem se levantou e andou, depois começou a pular e louvar a Deus!

Pedro e João curaram o homem com o poder do Espírito de Deus. O Senhor fica feliz quando cuidamos das necessidades dos outros.

A CAMINHO DE DAMASCO
ATOS 9

Saulo perseguia todos os que seguiam e adoravam Jesus. Um dia, uma luz brilhante do céu o cegou e uma voz chamou:

– Saulo, por que você está me perseguindo?

– Quem é? É o Senhor? – Saulo perguntou.

– Eu sou Jesus. Eu escolhi você para pregar para mim – a voz respondeu.

– Encontrei Jesus! Jesus é o filho de Deus! – Saulo tinha novidades para contar.

Quando o Espírito de Deus entrou em Saulo, tudo mudou! Saulo recebeu um novo objetivo: compartilhar as novidades de Jesus. Mais tarde, ele receberia um novo nome: Paulo.

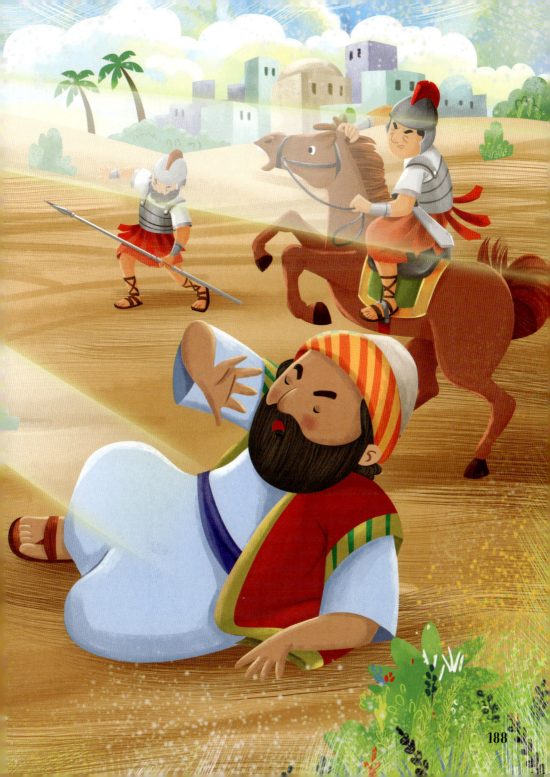

BARNABÉ É UM BOM AMIGO
ATOS 9

Os cristãos ficaram surpresos e um pouco assustados com Saulo, porque antes ele era seu inimigo. Um amigo chamado Barnabé trouxe Saulo aos cristãos e os tranquilizou:

– Sim, Saulo agora é cristão. Eu o ouvi pregando que Jesus é o Filho de Deus!

Barnabé e Saulo viajaram bastante juntos, ajudando as pessoas e contando-lhes sobre Jesus.

Barnabé deu as boas-vindas a Saulo e o defendeu. Ele era um amigo leal a Saulo e a muitos outros. O Espírito de Deus ajudou Barnabé a ser gentil e generoso.

BOAS NOTÍCIAS PARA TODOS
ATOS 10

Um centurião romano, Cornélio, reuniu sua família e seus amigos para ouvir Pedro pregar:
– Deus não tem favoritos! Ele ama pessoas de todas as nações! Jesus veio de Deus e vimos Seus milagres. Ele morreu em uma cruz, mas Deus o ressuscitou! Nós o vimos vivo! Quem crê em Deus recebe o perdão por seus pecados.

Cornélio e sua família acreditavam em Jesus! Eles eram de um país diferente do de Pedro. Mas a bondade de Deus se estende a todas as pessoas do mundo!

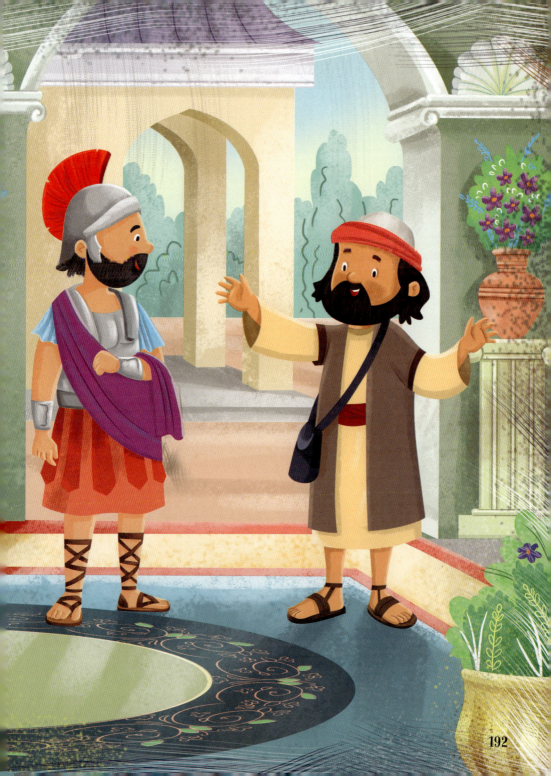

A VIAGEM DE PAULO E BARNABÉ
ATOS 13–15

Saulo, que agora se chamava Paulo, e Barnabé viajaram de cidade em cidade pregando o perdão por meio da Palavra de Jesus. Aqueles que acreditavam se converteram. Quando Paulo e Barnabé curaram um homem, as pessoas pensaram que eles eram deuses. Paulo explicou que há apenas um Deus verdadeiro. Algumas pessoas receberam bem as notícias sobre Jesus, mas algumas odiavam os missionários e sua mensagem!

Deus ama todas as pessoas, mas apenas algumas delas decidem amar a Deus de volta. Podemos orar por pessoas que não amam a Deus, para que elas mudem de ideia e escolham confiar n'Ele.

A VIAGEM DE PAULO E SILAS
ATOS 16

Em nome de Jesus, Paulo e outro missionário, Silas, libertaram uma garota que tinha um espírito de adivinhação e que, por isso, era explorada para dar lucro aos seus senhores. Estes, furiosos, começaram um tumulto que levou Paulo e Silas à prisão. À meia-noite, enquanto eles dois cantavam hinos, houve um terremoto que abriu as portas da prisão!

Paulo gritou para o carcereiro:

– Não se preocupe! Nenhum prisioneiro escapou!

Mais tarde, Paulo explicou o amor e o perdão de Deus, e a família do carcereiro se tornou cristã.

Paulo e Silas poderiam ter reclamado de seus problemas, mas, em vez disso, se lembraram da bondade de Deus e começaram a cantar! Quando as portas se abriram, eles não escolheram fugir. A bondade deles e o poder de Deus levaram o carcereiro a confiar em Jesus.

TIMÓTEO, O DISCÍPULO
ATOS 16; 2 TIMÓTEO 1

Desde que Timóteo era criança, sua mãe e sua avó lhe ensinaram a Palavra de Deus. Timóteo mostrou que era um menino de confiança. Paulo o tratou como um filho; e treinou Timóteo e Silas para serem pregadores. Timóteo tornou-se um líder atencioso e um bom exemplo para todos nas igrejas.

Louvado seja Deus por todos os que ensinam os caminhos de Deus! Devemos nos cercar de pessoas de confiança, que amam ao Senhor e que nos incentivarão a vivermos corretamente diante d´Ele.

PAULO VIAJA PARA ROMA
ATOS 27–28; ROMANOS 8

As viagens de pregação de Paulo o levaram a grandes cidades e pequenas aldeias. Em muitas comunidades, foram inauguradas igrejas. Muito tempo depois, Paulo fez sua última viagem de barco em direção a Roma – e essa jornada incluiu um naufrágio! Um anjo disse a Paulo que Deus levaria todos em segurança para a terra seca. E foi isso que aconteceu. Paulo nunca parou de espalhar a Boa Nova de Jesus.

Paulo escreveu para incentivar as novas igrejas:
– Deus é sempre bondoso conosco. Nada pode nos prejudicar. Nada pode nos separar de seu grande amor!

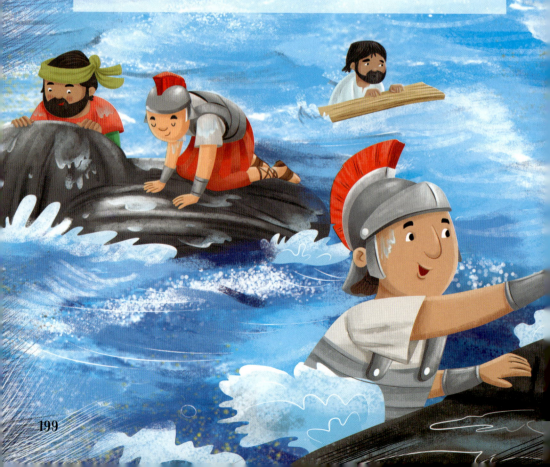

NOSSO MARAVILHOSO LAR
JOÃO 14; APOCALIPSE 21–22

Jesus está preparando um lugar para seus seguidores viverem com Ele para sempre. Há um rio limpo e a árvore da vida com frutos maravilhosos. A luz está em toda parte, e as portas estão sempre abertas. Não há nada impuro ou indelicado: sem lágrimas, sem dor, sem escuridão, sem necessidade do Sol ou da Lua. O melhor de tudo é que veremos Jesus e estaremos em casa com Ele!

Deus sempre nos amou e quer que estejamos perto d'Ele. O Senhor quer compartilhar sua casa conosco para sempre!